PERLES DE SHOPPING

Françoise Baroni et Florence Roman

FIRST
Editions

ISBN : 978-2-7540-7992-1
Dépôt légal : octobre 2015
Imprimé en France

Couverture : Olivier Frenot
Mise en pages : Graph'im 64

Éditions First, un département d'Édi8
12, avenue d'Italie
75013 Paris – France
Tél. : 01 44 16 09 00
Fax : 01 44 16 09 01
E-mail : firstinfo@efirst.com

Site internet : www.editionsfirst.fr

« Si un homme ne vous
convient pas, vous ne
pouvez pas l'échanger
contre un magnifique
pull en cachemire. »

*Confessions d'une accro
du shopping*, de Sophie Kinsella

AVANT-PROPOS

Les femmes et le shopping, c'est une belle histoire d'amour. D'ailleurs, vous avez remarqué, passé le seuil de la boutique, l'acheteuse utilise spontanément le langage amoureux : « J'ai eu un vrai coup de foudre pour ce sac », « Je suis tombée amoureuse de ce manteau », « Il m'a plu dès le premier coup d'œil ! ».

En shopping comme en amour, c'est le cœur qui parle ! Pas étonnant qu'une vieille blague misogyne situe le point G à la fin du mot shopping...

Le magasinage, comme l'appellent nos voisins québécois, est le hobby numéro 1 des femmes et une source de bonheur intense, jamais égalé. Vous en doutiez ? Une étude récente, réalisée par l'université du Michigan et publiée par le *Journal of Consumer Psychology*, a révélé que faire du shopping était un moyen efficace d'échapper au stress et d'évacuer la tristesse. Mieux : en achetant, on acquiert le sentiment de maîtriser les choses, ce qui aide à dissiper la morosité. Selon cette étude, lécher les vitrines, c'est déjà bien, mais acheter, c'est trois fois mieux !

Alors, heureuse ?

Prolongez le plaisir avec ce recueil de perles de shoppeuses et de vendeuses, glanées dans les allées de vos magasins préférés. Bienvenue dans l'arène du shopping !

DEUXIÈME ÉTAGE : MODE FEMME

Il suffirait que vous preniez 2-3 kilos et la robe vous irait à merveille !

« C'est quoi comme
tendance ça ?
– Moche. »

Cette couleur est horrible, elle pique les yeux. Et le prix, il fait saigner du nez !

« C'est un peu juste,
vous n'auriez pas
la taille au-dessus ?
– C'est-à-dire qu'on est
déjà au 48, madame. »

Moi j'essaie plus
les maillots de bain.
La dernière fois,
j'avais plus envie
de me suicider que
de partir en vacances.

« Elle est trop bouffonne ta jupe !
– Tu veux dire “bouffante” ? »

Ce pantalon avec des poissons, c'est bon pour les thons !

Si tu voyais
mon dressing,
c'est la caserne
d'Ali Baba !

Il est pas mal ce pull,
mais j'aime pas trop
la couleur et la forme,
et vous l'auriez dans
une autre matière ?

Vous avez vu
les vendeurs torse nu
chez Albert Crombie ?

Je trouve que
ça me grossit
les jeans boy-Fred.

« D'après Cristina Cordula, j'ai une morphologie en forme de A : petites épaules, hanches larges.
– Eh ben moi ce serait plutôt en forme de O, grosse de partout ! »

Vous faites un prix
pour les chômeurs ?

Les soldes
privés Chanel,
c'est l'antichambre
du paradis… Ou le
boudoir de l'enfer,
c'est selon.

Une vendeuse
conseillant une robe
à une cliente :
« Elle est jolie, portée.
– Ben c'est un miracle
parce qu'elle est
drôlement moche
pas portée ! »

Une femme essaie
un imperméable :
« Vous auriez la même
chose mais avec une
doublure toute douce,
plus confortable ?
C'est pour porter avec
rien en dessous... »

« J'vous jure, il grossit
votre miroir !
– Non madame,
pas moi. »

Non, elle est un peu
trop courte la jupe,
ça fait vraiment
« ras la salle de jeu » !

« C'est pas mal
les manches gigot.
– Toi, tu penses
vraiment qu'à
bouffer ! »

Moi j'adore le strass, les paillettes, le style bing-bing, quoi !

Cette veste pandigole.
Ça pandouille et
ça gondole.

« À ton avis,
ce blouson,
c'est pour homme
ou pour femme ?
– Les deux, c'est
bisexuel. »

La mini, c'est comme les LOL, il faut arrêter après 40 ans sinon on est ridicule.

« Il est bizarre
le miroir, j'ai
l'impression
d'être boudinée
dans mon jean.
– C'est pas le miroir,
madame. »

Vous auriez un vrai cachemire à moins de 10 euros ?

Une acheteuse
à sa copine :
« Il me va bien
ce petit 36.
– Oui, si tu fais
abstraction des trois
bourrelets au-dessus
de la ceinture. »

Une adolescente :
« Nan ! Ça me va
pas, ça me mémérise,
j'ressemble trop
à une femme
en quarantaine ! »

La couleur dégueulis
de la petite robe
bain de soleil,
c'est tendance ça ?

« Une robe jaune avec une ceinture noire, t'as pas peur que ça fasse Maya l'abeille ?

– Toi t'es bien habillée tout en vert et t'as pas peur que ça fasse Shrek. »

Depuis que j'ai grossi
je suis attirée par les
imprimés camouflage.
C'est psychologique
ça, non ?

À mon avis,
le styliste a beaucoup
d'humour… ou
alors pas du tout.

T'as remarqué ? Dans les cabines d'essayage, ils te mettent toujours un éclairage à te dégoûter de te déshabiller ?

« C'est possible
le même manteau, en
plus court avec un Zip
et une matière plus
légère, imperméable ?
– Vous voulez une
doudoune, en fait ? »

Je voudrais le même pantalon que vous mais en petite taille.

Attends, c'est pas
possible, la lumière
de la cabine sur
mes cuisses,
ça fait des trous,
des vagues, un vrai
paysage lunaire.

Elle te va bien cette couleur, c'est raccord avec tes cheveux, c'est quoi, c'est caca d'oie ?

« Il est pas mal ce
petit top crustacé noir.
– Tu veux dire
incrusté, j'imagine ? »

Deux copines papotent dans le rayon des tee-shirts aux couleurs vives :
« Il est bien ce petit haut flunchy. »

« J'adore les robes
à petits pois.
– Moi j'les bouffe
les petits pois ! »

T'as vu, elle a
des escarpins en croco
sous le tchador,
c'est abusé !

« Ne prends surtout
pas cette jupe,
elle te gonfle !
– C'est plutôt toi
qui commences
à me gonfler. »

« Vous pourriez,
exceptionnellement,
me le faire
à prix soldé ?
C'est bientôt, non ?
– Dans deux mois,
madame ! »

Je cherche une jupe en cuir, mais pas chère… Au prix du Skaï, quoi !

Deux amies discutent dans le salon d'essayage :
« Ce qui me gêne avec cette robe, c'est sa courtesse.
– On ne dit pas la "courteté" ? »

Une cliente s'adressant
à une vendeuse :
« Pourriez-vous
mettre un coup
de bombe dans la
cabine d'essayage ?
On se croirait
chez Bouglione. »

Je suis toujours
habillée en noir, mais
je bois du blanc,
ça compense.

Cette robe, avec le grand Zip à l'avant et le grand Zip à l'arrière, on dirait une housse mortuaire !

Je ne peux pas mettre ce genre de pantalon, ça me fait une culotte de jument.

« Vous pouvez me faire un petit prix sur l'ensemble et le blouson ?
– Ah non, on n'est pas aux "Reines du shopping", ici ! »

Moi j'préfère les doudounes en poils d'oie, c'est plus chaud.

« C'est ça que
t'appelles un col
Nadine ?
– Claudine ! »

C'est horrible,
tu te confonds
avec le rideau
de la cabine !

« Je veux une tenue un peu habillée mais pas trop, un peu sexy mais pas trop non plus…
– C'est pour quelle occasion exactement ?
– Pour demander une augmentation à mon patron. »

Le col bénitier, c'est pour les grenouilles de bénitier ?

« Tu l'essaies,
le legging panthère ?
– Ah non, Cristina
Cordula l'interdit,
j'aurais l'impression
de la trahir ! »

Vu votre corpulence, je vous conseillerais un poil ras. À moins de vouloir virer grizzli…

Deux copines
entre elles :
« C'est cool
ces manches
chauve-souris.
– Ouais, pour un
goûter chez Dracula. »

Arrête
les superpositions,
t'as pris deux tailles !

« Tu vas aux soldes
de presse Vuitton ?
– Me faire piétiner par
des folles furieuses
pour un monogramme,
j'ai passé l'âge ! »

T'as vu cette fille ?
Son sac est aussi
poilu qu'elle !

« J'sais pas, je vais envoyer une photo des deux robes à ma mère, ça m'aidera à choisir.

– Ta mèèèèère ?!!

– Je prendrai celle qu'elle détestera, je suis sûre de ne pas me tromper comme ça. »

Jenifer, la chanteuse,
heureusement
qu'elle s'habille pas
chez Jennyfer !

« C'est quoi
cette couleur ?
– Beurre frais.
– Ah ouais ? Moi,
j'le vois plutôt
beurre rance. »

Profil vendeuse n° 1 : la femme invisible

Sa stratégie de vente : son défi ? Fuir devant la cliente, lui échapper à tout prix, d'où sa tenue camouflage ou caméléon pour se fondre dans le décor et éviter d'être dérangée pendant sa microsieste. On la trouve le plus souvent assise derrière son comptoir, accroupie entre deux portants ou planquée dans la réserve à tweeter avec ses copines.
Son refrain : « Il faudrait voir ça avec ma collègue », « Tout est sur les portants, madame, toutes les tailles sont là, on n'a rien de plus en réserve ».
Ambition : partir en pause.
Efficacité : 2/10.

QUATRIÈME ÉTAGE : MODE HOMME

Un jeune homme et
une amie devant des
costumes :
« Tu crois que ça m'irait
ce genre de costume ?
J'aimerais un truc chic,
tu vois, genre George
Clooney.
– T'as pas peur que
sur toi ça fasse plutôt
George Clownesque ? »

C'est quoi un
manteau raglan ?
Un manteau au ras
de ce que je pense ?

Un couple proche de la soixantaine, il essaie un costume devant sa femme :

« Il te va magnifiquement, tu fais dix ans de moins !

– Bon, ben, tu sais ce qu'il te reste à faire ma chérie : le Botox, il faut que tu suives. »

« Mon père s'est
acheté un beau
manteau en poil
de chameau.
– Comment t'es
sûre que c'était pas
du dromadaire ? »

Un jeune couple se regarde dans la glace. Il essaie une veste. La fille, accrochée à son bras, dit fièrement : « Regarde, chéri, on ressemble à une pub The Kooples ! »

Profil vendeuse n° 2 : la bonne copine

Sa stratégie de vente : créer une connivence, jouer la complicité coûte que coûte, vous flatter comme si vous étiez sa meilleure copine mais sans trop insister (il faut que ça reste crédible). Elle vous oriente subtilement vers la pièce la plus chère pour ensuite vous féliciter de votre choix judicieux. Elle mériterait un césar.

Son refrain : « J'adore vos boots, c'est des Ash ? », « Moi, si j'étais vous, je le prendrais tout de suite, on dirait qu'il a été créé pour vous ! », « J'ai exactement le même tee-shirt que vous ».

Ambition : vous faire vous sentir belle et vous admettre dans le club afin de vous fidéliser.

Efficacité : 10/10. C'est la vendeuse idéale, celle qu'on appelle par son prénom et qui rebooste l'ego.

TROISIÈME ÉTAGE : CHAUSSURES

L'autre jour, j'ai peint les semelles de mes André en rouge et hop, des Louboutin !

« Tu veux pas essayer
ces spartiates ?
– Non j'suis pas épilée,
je vais ressembler
à Russell Crowe
dans *Gladiator*. »

Vous avez ces stilos beaux en 38 ?

Je les ai prises
un peu trop grandes,
ces bottes. Tu ne
trouves pas qu'avec
la pointe qui rebique
on dirait des pompes
de clown ?

Je serais prête à faire 100 pompes pour cette paire de pompes !

« Les chaussures
à bout ouvert, c'est pas
pour moi, j'ai les orteils
trop longs.
– Ben faut couper
si ça dépasse. »

Laisse tomber
ces bottes de moto,
on dirait que tu
vas tourner dans
un clip de Johnny.

« Le problème, c'est
que j'ai mal dans
toutes les chaussures,
dessous, dessus,
devant, derrière,
sur les côtés.
Qu'est-ce que vous
me conseillez ?
– À part les tongs,
j'vois pas. »

Vous avez
les chaussures de
Céline Dion dans
son dernier clip ?

Elles font vieillottes
ces pompes,
elles remontent
à Mathus à laine.

Je me suis acheté des chaussures tellement belles et tellement chères que je ne les porte qu'à la maison pour pas les abîmer.

Le mec qui a inventé
les Crocs, il avait
vraiment une dent
contre les pieds.

« Pourquoi ils font pas des chaussures en vipère ? Ça serait moins cher que le python.
– Ouais et ce serait assorti à ta langue. »

Les talons compensés, j'peux pas. C'est contre mes principes, ma déontologie me l'interdit.

...l vendeuse n° 3 : la snobinarde

...a stratégie de vente : elle vous toise du haut de son ...ètre quatre-vingts et vous nargue avec sa taille 34. Vous n'achèterez rien chez elle, c'est sûr, c'est beaucoup trop chic pour vous... C'est soit une styliste frustrée, soit un mannequin raté. À l'entendre, on croirait que c'est elle qui a dessiné les vêtements. D'ailleurs elle appelle le créateur par son prénom. OK, elle a une vague ressemblance avec Victoria Beckham, enfin surtout les chaussures.

Son refrain : « Les prix sont sur les étiquettes, madame », « Par contre, je ne vais pas l'avoir dans votre taille ».

Ambition : vous voir quitter la boutique au plus vite pour qu'elle puisse enfin s'occuper des *vraies* clientes.

Efficacité : 3/10. Sans parler de votre ego piétiné par ses stilettos !

PREMIER ÉTAGE : LINGERIE, ACCESSOIRES

« Je voudrais un
soutien-gorge avec
des pigeonniers
s'il vous plaît.
– Vous voulez dire
"pigeonnant" ?
– Si vous préférez. »

Je cherche
des collants noirs avec
des orteils, pour porter
avec des tongs.

« Regarde le petit
karaoké à fleurs,
il est super-mignon !
– T'as fumé !
On dit “caraco” ! »

« Vous auriez un petit ensemble très coquin pour quelqu'un qui se serait engueulé à mort avec son mec et qui voudrait recoller les morceaux ?

– Grosse comment la dispute ? »

Deux copines
qui papotent :
« En lingerie,
mon mec, il est du
genre noisette, euh
j'veux dire nuisette !
– Oh le lapsus ! »

« Ma mère s'est acheté un panty sauna pour maigrir des cuisses…

– Ça marche ces trucs-là ?

– Ben la graisse qu'elle avait aux cuisses, maintenant elle l'a dans les genoux. »

« Moi, je suis plutôt
petite culotte en
coton, limite culotte
Bridget Jones parfois.
– Eh bien moi, c'est
tout le contraire,
tatouage en forme
de string, pas plus. »

Ce sac en peau
de python, il coûte la
peau de mes fesses.

« Avec ce sac,
tu ressembles
à Elizabeth.
– Elizabeth Taylor ?
– Non, la reine
Elizabeth. »

J'ai demandé à la vendeuse si ce sac était soldé, elle m'a dit : « Non madame, pas sur une pièce iconique. » J'ai failli répondre : « Garde ton sac, espèce d'iconnasse ! »

Deux jeunes filles devant des ceintures : « Y a que du S et du XS, c'est du racisme ! »

Je vais prendre
les chaussettes,
c'est le seul truc qui
ne me grossit pas.

« Je cherche une petite
valise pour mon chien.
– Avec des trous
d'aération, madame ?
– Non, c'est pour
mettre ses vêtements
et ses jouets. »

Le sac cartable,
il paraît que c'est
super-tendance.
Mais moi, j'ai passé
l'âge de la rentrée
des classes.

Qu'est-ce que c'est ce sac !? Moi, le vendeur qui me propose ça, je le frappe avec !

« Il paraît qu'on conseille aux rondes d'avoir des grands sacs, question de proportions.
– Ben alors la dame là-bas il va lui falloir une malle ! »

« Il est joli ce sac,
il est en quoi ?
– En poulain.
– Ah non ça va pas
être possible, j'ai
peur des chevaux. »

Finalement
les moufles,
c'est les chaussettes
des mains.

Ce parapluie est tellement hideux que même l'eau aurait peur de tomber dessus.

« Cette pochette est
ravissante, j'adore
sa dragonne !
– Dragonne ?!
C'est pas la femelle
du dragon ? »

Pas moyen de trouver
un plaid de la couleur
de mon chat.

« Vous, vous avez
une tête à chapeaux.
– Bien vu, je suis flic. »

Entendu sur le stand Tiffany : « C'est sûr que tu ne trouves pas ça au Manège à bijoux. »

Profil vendeuse n° 4 : le moustique

Sa stratégie de vente : elle vous suit pas à pas, elle vous colle, elle vous piste, elle vous tourne autour, elle revient inlassablement chaque fois que vous la chassez. Même dans la cabine, vous l'entendez bourdonner tapie derrière le rideau.

Son refrain : « J'peux vous aider ? J'peux vous aider ? J'peux vous aider ? »

Ambition : vous piquer… votre argent. À défaut de vous piquer en train de voler, ce qui lui permettrait d'aller rapporter à son chef et de toucher une prime.

Efficacité : 1/10. Au final, elle vous asticote tellement que vous fuyez à toutes jambes pour lui échapper.

REZ-DE-CHAUSSÉE : BEAUTÉ

Je voudrais un mascara waterplouf.

J'aimerais un parfum
frais qui couvre
les odeurs de sueur.

« Je voudrais un blush.
– Si je peux me
permettre, avec
vos joues rouges,
je vous conseillerais
plutôt une crème
anti-couperose. »

Vous auriez un fond
de teint où on peut
voir mes taches
de rousseur à travers ?

Une vendeuse qui veut
absolument placer
son parfum :
« C'est très frais,
très agréable,
le créateur a pensé
à des galets roulés
par les vagues.
– Ouais, ça sent
la marée, quoi ! »

Je cherche un gloss
rouge mais qui
ne fasse pas trop pute,
c'est pour un mariage.

« Vous avez une crème qui fait maigrir ?
– Oui, celle-ci atténue les capitons mais il n'y aura pas de miracle, hein ! »

Il me faudrait
de la colle pour
souligner mes yeux,
vous savez, comme
dans les pays arabes.

J'ai un mariage
demain, vous
pourriez me maquiller
aujourd'hui ?

« Vous avez la crème
visage qui fait
Madonna toute lisse
et rajeunie ?
– C'est pas de la
crème, madame,
c'est du Botox ! »

J'aimerais un fard
couleur fumée
pour un effet
« smoothie eyes ».

Je cherche une crème
pour les peaux mûres,
c'est pour ma mère.

« Je vous mets
un échantillon
d'anti-cernes ?
– Non, laissez, pour
les cernes, j'utilise
Préparation H, la crème
anti-hémorroïdes. »

Qu'est-ce que
vous me conseillez
comme couleur
de fond de teint pour
mon incarnation ?

« Tu savais que Jimmy Choo, le créateur de chaussures, faisait aussi du parfum ?
– Ah bon ? J'espère qu'il ne pue pas des pieds ! »

Deux copines discutent au rayon des vernis : « Tu vois ce joli rose nacré ? Il fera super sur les griffes de ma petite chienne ! »

Repose-moi
ce bleu à paupières !
Tu veux auditionner
chez Michou ou quoi ?!

Vous avez une crème
très très hydratante,
genre j'ai le visage qui
habite en Irlande ?

Profil vendeuse n° 5 : la miss je-sais-tout de la beauté

Sa stratégie de vente : elle vous sermonne et vous culpabilise pour vous refourguer tout et n'importe quoi. Au passage, elle met le doigt là où ça fait mal, quitte à vous faire découvrir des défauts que vous ignoriez jusque-là.
Son refrain : « Je m'excuse de vous demander ça mais pour la crème, vous êtes plutôt dans la tranche 20/35 ans ou 35/40 ? », « Pour les boutons et points noirs, je vous conseillerais d'abord un bon nettoyage de peau », « C'est pas bien de se coucher sans se démaquiller, ça laisse des traces, la preuve ! ».
Ambition : être la vendeuse du mois en produits Chanel.
Efficacité : 4/10. Si elle croit qu'on n'a rien d'autre à faire que se démaquiller avant de se coucher...

SOUS-SOL : MAISON, JOUETS, CULTURE

« Je suis embêtée, Loïc a recommencé à faire pipi au lit.
– Ben achète-lui une couette Bob l'éponge. »

Je cherche des draps
très résistants aux
lavages fréquents,
rapport à mon mari
qui est très chaud,
si vous voyez ce
que je veux dire…

« Regarde, c'est pas mal cette nappe effet froissé, plus besoin de repasser !

– Ils font pas la nappe effet taché-plus-besoin-de-laver ? »

« Oreiller anti-ronflement ? Comment c'est possible ?
Si mon mari continue à ronfler je peux vous le ramener ?
– Votre mari ou l'oreiller ? »

Elle est garantie sans arachide votre figurine ? Parce que ma fille met tout à la bouche en ce moment et elle est allergique.

« Je suis à la recherche
d'un masque de Zorro.
– C'est pour un enfant
de quel âge ?
– Non c'est pour moi,
c'est pour dormir
en avion.
– Mais, madame,
il y a des trous
pour les yeux. »

Il a un regard
vicieux, ce Furby !

« Prends-lui les petites voitures, il va adorer.
– Non, ça m'embête, il va les faire traîner partout dans l'appartement.
– Prends-lui la trompette alors.
– Non il va nous casser les oreilles.
– En gros, tu veux lui acheter un jouet mais tu ne veux pas qu'il s'amuse avec, c'est ça ? »

Ce petit meuble-là
ira très bien
dans la salle de bains
pour cacher la fissure.

C'est possible
de mettre un canapé
d'angle dans une pièce
de forme arrondie ?

Je suis à la recherche
de lits superposés.
Mais grande taille,
comme dans les
prisons vous voyez…

À une époque, j'ai eu beaucoup de meubles en rotin, c'était ma période *Emmanuelle*.

J'aimerais trouver
un fauteuil en cuir
Copperfield.

« T'as vu, il est
en chanvre ce tapis.
– Comme ça, on pourra
toujours le fumer… »

Je voudrais un grand congélateur pour mon mari quand il va chasser. C'est que c'est costaud, ces bêtes-là !

Vous vendez des pics à glace comme dans *Basic Instinct* ?

Une cliente
devant une friteuse
semi-professionnelle :
« C'est juste que
j'ai peur que ça
postillonne… »

« Tu peux m'expliquer pourquoi il y a 10 000 références de sacs à aspirateur ? Pourquoi ils ne font pas un sac standard qui marche pour tous les aspis ?

– Ben il faudra que tu demandes ça au lobby des sacs à aspirateur. »

Auriez-vous un livre pour se réconcilier avec sa belle-mère ?

Vous avez la chanson qui fait « nanananana tic tic nana » ?

Je voudrais un livre pour un cadeau. Mais pas trop cher ni trop compliqué. C'est pour ma belle-sœur, elle a horreur de lire.

Vous avez le DVD
avec l'actrice blonde,
toute refaite, et le
petit acteur mignon
un peu efféminé ?

Vingt ans après ça se lit avant ou après *Les Trois Mousquetaires* ?

« Qu'est-ce que vous me conseillez comme bon roman ?
– Ça dépend, vous aimez quel genre ?
– Quelque chose écrit en gros. »

Vous faites
des cartes de vœux
pour un divorce ?

Vous auriez
un marteau pour
une gauchère ?

Je voudrais
une tronçonneuse qui
fasse du bruit comme
dans *Massacre à la
tronçonneuse*, un truc
à l'ancienne, pas un
truc de gonzesse,
silencieux, tout léger
et qui pollue pas.

Il me faudrait
un tournevis crucifié.

Où est-ce que je pourrais trouver des sacs à vomi avec Hello Kitty ou Dora l'exploratrice dessus ? C'est pour la petite, elle est malade en voiture.

Profil vendeuse nº 6 : l'erreur de casting

Sa stratégie de vente : elle n'en a aucune. Elle s'est retrouvée là par hasard. Ce job, c'est du provisoire en attendant de sortir son premier roman/film/album. La mode, elle s'en fout, comme le prouve sa tenue qui mettrait Cristina Cordula dans tous ses états. « Ma chériiie mais c'est la cacophoniiie ! »

Son refrain : « Je ne peux pas vous dire », « Je ne sais pas », « Ça ne fait pas longtemps que je suis là », « Attendez, je vais demander ».

Ambition : trouver un autre boulot.

Efficacité : 5/10. Elle sait comment vous encaisser, c'est déjà ça.

LA LISTE NOIRE DES CLIENTES

Quelles sont les clientes que les vendeuses redoutent le plus ? Voici le classement des pires comportements. On s'y retrouve toutes un peu. De la moins nuisible au pire fléau…

1. La copine flingueuse

Celle qui accompagne la cliente en puissance et casse toutes les ventes. Non seulement elle n'achète pas, mais elle dissuade sa copine de le faire par jalousie ou pour faire son intéressante : « J'veux pas dire mais franchement, ça te boudine ! », « J'veux pas critiquer mais ça te mémérise ! »…

2. La négociatrice

Celle qui se croit dans « Les reines du shopping » et demande « une petite ristourne, s'il vous plaît ». Devant le refus de la vendeuse, elle déprécie la marchandise pour l'avoir moins cher : « Allez, vous pouvez faire un geste sur cette petite robe, c'est même pas de la soie ! »

3. La poseuse de colle

Celle qui veut savoir si la robe supporte l'essorage, quel est le pourcentage exact de stretch, si les droits de l'homme ont été respectés lors de la confection du vêtement et quel était le salaire horaire du Chinois qui l'a fabriqué. On l'appelle aussi « l'Éco-nnasse ».

4. La petite cochonne

Celle qui a trop lu *50 nuances de Grey* et vient chercher le grand frisson en s'envoyant en l'air dans les cabines d'essayage avec son homme.

5. La tache

Celle qui laisse des traces de gras sur les chemisiers en soie après un déjeuner au fast-food et qui pochoirise les cols de tee-shirts avec sa BB-crème.

6. La démolisseuse

Celle qui défait méthodiquement les belles piles de pulls pliés avec amour par la vendeuse, qui essaie tout, n'achète rien et laisse la boutique en état de guerre. On l'appelle aussi « la fiancée de Hulk ».